立即执行术

[日] 横山信弘——著　　王师镜——译

超一流のすぐやる技術

北京时代华文书局

图书在版编目（CIP）数据

立即执行术 / （日）横山信弘著；王师镜译. -- 北京：北京时代华文书局，2019.1
ISBN 978-7-5699-2772-6

Ⅰ．①立… Ⅱ．①横… ②王… Ⅲ．①工作方法 Ⅳ．① B026

中国版本图书馆 CIP 数据核字 (2018) 第 263428 号

CHOICHIRYU NO SUGUYARU GIJUTSU
Copyright © 2016 Nobuhiro Yokoyama
Original Japanese edition published by SB Creative Corp.
All rights reserved.
Chinese (in simplified character only) translation copyright © 2019by Beijing
Time-Chinese Publishing House Co., Ltd.
Chinese (in simplified character only) translation rights arranged with SB
Creative Corp, Tokyo through Bardon-Chinese Media Agency, Taipei.

北京市版权著作权合同登记号 字：01-2017-2434

立即执行术
LIJI ZHIXINGSHU

著　者 | [日]横山信弘
译　者 | 王师镜

出 版 人 | 王训海
策划编辑 | 胡俊生
责任编辑 | 周　磊
装帧设计 | 程　慧　王艾迪
责任印制 | 刘　银

出版发行 | 北京时代华文书局 http://www.bjsdsj.com.cn
　　　　　北京市东城区安定门外大街 136 号皇城国际大厦 A 座 8 楼
　　　　　邮编：100011　电话：010-64267955　64267677

印　　刷 | 三河市祥达印刷包装有限公司　0316-3656589
　　　　　（如发现印装质量问题，请与印刷厂联系调换）

开　　本 | 880mm×1230mm　1/32　印　张 | 5.5　字　数 | 87 千字
版　　次 | 2019 年 2 月第 1 版　印　次 | 2019 年 2 月第 1 次印刷
书　　号 | ISBN 978-7-5699-2772-6
定　　价 | 39.80 元

什么是"立即执行术"？

💼 真正厉害的人，为何能够"立即执行"？

你好，初次见面，我叫横山信弘。

您读到我这本书，我谨向您致以诚挚的谢意。

虽说很突然，但我想问大家一个问题。

当你听到"立即执行"这个短语时，你会轻松吗？

抑或是心情郁闷？

不管怎么看，都不会很轻松吧。

其实我明白，你会感到心情沉重，是因为无论什么事，你都会以"立即执行！立即执行！"来要求自己，因而变得不堪重负。

因此，当心情变得十分沉重时，请把"凡事都得立即执行"的心态丢掉吧。

而这本书介绍的，就是"超厉害的立即执行术"。

真正厉害的人，会立即去做"必须该做"的事，而不会马上去做"不必去做"的事。

因为只有和成果密切挂钩的，才是真正值得"立即执行"的事情。

💼 世界上最简单的"立即执行术"

这本书就是要为你介绍世界上最简单的"立即执行术"。

"立马能读！"

"立马能回想起来！"

是这本书两个最大的优势。

为了更易理解，请把自己想象成酒店的行李员，把必须去做的任务想象成放在手推车上的行李。

如果你在石子路上推着放有很多重物的手推车，你一定会觉得很难推动。但如果减轻行李的重量，选择在光滑的路面上行进，即使用很小的力气也能让手推车移动。

"带着轻松的心情，轻巧地推动轻便的行李。"

这样去做的话，无论什么事都能"立刻执行"了。

这本书会以"手推车理论"为名进行讲解。不同于其他讲解"执行力"的书，它里面并不会讲到太多知识性或专业性过强的内容。

在我看来，那些晦涩难记的技术、知识往往并不实用，更别说"立即执行"了。

而"手推车理论"最大的优势在于，它在任何时候都能被轻松记起。因此我敢说，没有比这个更简单的理论和技术了。

因此，这本书也一定非常轻松易读。想到这一点，你是不是已经松口气了呢？

📁 变厉害的方式很简单，这里有几点理由

说起来，为什么我会说"手推车理论"是全世界最容易掌握的？

我来告诉你为什么吧。

我曾以咨询师的身份在工作现场指导员工，而接受指导的员工全部完成了的销售目标，也就是"绝对完成"。可以说，我帮很多人改变了他们的行为和意识。

到目前为止，我每年指导的人数超过5000人，总计也应该超过3万人了。

我所做的，就是尽可能"让他们达成自己的目标"。

这个目标并不是"立即执行"本身，而是切切实实地

达成目标、取得成果。

然而，执念于"立即执行"的人往往耗费大量的时间和精力，结果却常常不尽如人意。

因此，对我来说，我觉得自己必须总结出一个既好懂又好记的理论出来。

这就是"手推车理论"的由来。

真正厉害的人，为何不会"立即执行"？

正如开头所说到的，真正厉害的人会对必要的事"立即执行"，对不必要的事则反之。

然而"立即执行"这个习惯，会带来非常严重的副作用。

如果任何事都不分轻重地"立即执行"，带来的只是工作量的陡增，甚至有"工作中毒"的可能。

因为今非昔比，现在加在每个人身上的任务，只会越来越多。

而且，如果不假思考地持续"立即执行"，你很可能会被身边的人轻易地呼来唤去。

而真正厉害的人，并不会轻易受他人摆布。

我希望在读此书的你，也能掌握这个"超级执行术"。但是，我并不是说要让你机械性地处理完成大量工作，这并非我的目的。

我曾经是一个"懒于思考"的人。

我现在也非常理解那些对任何事都无法"立即执行"的人。他们迷失自我很久，既不知道自己现在要干什么，也根本不知道将来要付诸怎样的行动。

　　然而，现在不同了。你会渐渐明白"必须立即执行"和"不必立即执行"的区别。而且，你还会慢慢更明确地判断：你所做的事，究竟是为你自己，还是为了他人。

　　在将来，你想要成为怎样的自己？

　　你要过上怎样的生活，才会觉得幸福？

　　双眼不要仅仅盯着眼前的包袱了，它们不过是一些无用的负担，为了实现未来的梦，最好将它们转移。现在，你感受到这些包袱的存在了吗？

　　所以，请不要再对眼前的一切工作抱有"立即执行"的想法了。

自己的人生只属于你自己。你应该为永远任人摆布的人生画上一个休止符。

即使现在不立即行动也行，但未来究竟有哪些事是应该最优先去做的呢？考虑清楚这点，你的人生将发生"质"的改变。

这本书的目的，就是帮助你找到人生幸福的真谛，进而为社会做出贡献。

懂得立即执行的人，"能带着轻松的心情，轻巧地推动轻便的行李"

我来介绍一下本书的主要结构。

首先在第一章，我会介绍为什么很多人无法"立即执行"。

接着从第二章到第四章，我会详细介绍掌握"立即执行术"的具体方法，也就是"手推车理论"的具体步骤。

然后在第五章和第六章里，我们会把"手推车理论"投入应用，学习一套不仅仅是"立即执行"，更是以"达成目标"为目的的操作方法——"手推车管理"。

学着像高级酒店的行李员能轻松推动手推车那样，赶紧掌握这套"超厉害的立即执行术"吧。

阅读这本书之后，我衷心祝愿你的内心从此情似水、淡若云。

横山信弘

目 录

第一章　你无法"立即执行"的真正原因

第二章　让"包袱"变轻的"测算法"

让路面变得平滑的"降噪法"

锻炼推动力的"心理韧性"

成为"不被轻易摆布"的人

用"手推车管理"干净利索地去做想做的事情

后记

成为举重若轻的人,实现工作与生活的平衡!

第一章

你无法"立即执行"的真正原因

现代社会，你为什么一定得减轻包袱的重量？

明明眼下就有"非做不可的事"，但你通常也只是眼睁睁地看着，却一点儿也行动不起来。

虽然心里嘀咕着"我非做不可了""就是现在，马上去做"，却怎么也没有行动……其实，谁都会有这样的时候。

然而在高度信息化的时代，有一点发生了很大的变化：和以往相比，如今压在每个人肩上的担子越来越重了。

明明自己不想，但为什么那些包袱还是这样杂乱地四处堆积着呢？不仅遍布四周，还在不经意间持续累积着。其实也可以说，这就是让你感到心情郁闷的主要原因。

你心里还考虑着如何处理这些包袱，与此同时，包袱却愈发沉重。这种情况下，如果还不赶快制定解决策略，那就只能坐以待毙了。

坎坷不平的路面已然让你烦闷不已。而这个世界上各种冗杂的信息、噪音、杂念等，也都会增加你"内心的摩擦力"，使你产生抗拒情绪。

这些包袱如此沉重，而且还在一个劲儿地积攒，路面还坑坑洼洼……这样一来，你必然迷失前路。

而且你推动包袱时，还可能比以前更加无力。换句话说，就是所谓的抗压力在下降。在这本书中，我们会用"心理韧性（resilience）"一词来称呼抗压力。要知道，"抗压力""耐久力"越来越弱的人，比以往多了不少。

无论如何，在这个时代，由于各种各样的原因，对工作"立即执行"似乎越来越难了。

因此，一定有很多人想要寻求某个解决方案。若是不用理论武装自己，就没有办法轻松地立即去做任何事。

不去"立即执行"的两大弊端

现在就算是放手不管，也会有包袱不停地被运送过来。如果说，你只是嘴上挂着"马上、马上"这样的说辞，却不把这些包袱移走，就这样一直拖延下去，情况会怎么样呢？

尽管拖延会让压力得到暂时的释放，但那也不过是"一时"而已。

那些"懒于思考的人"，他们对眼前散落的包袱往往假装看不见。然而一旦不得不去正规这些包袱，他们就会被积压的大量包袱压垮，变得束手无策。

有"拖延症"恶习的人，请常常用"手推车理论"反思自己。通过"手推车理论"的武装，你会很容易明白拖延的弊端。

我所谓的"弊端"，就是以下这两个。

1.压力积累。

第一个弊端"压力积累"是必然的。由于这些必须得靠自己运走的包袱越积越多，只要持续处于"懒于思考"的状态，你会越来越拖延，心情越来越沉闷。

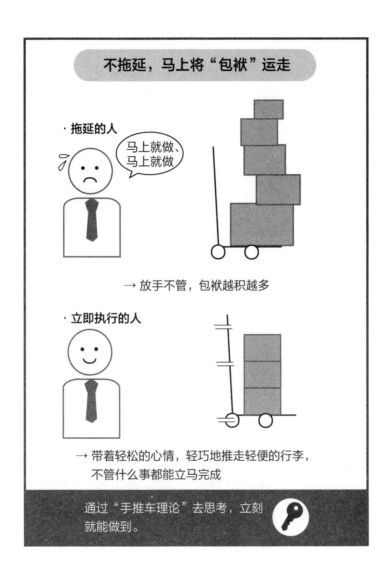

如果继续拖延的话，哪怕是做着责任不重大的工作，你也只会感觉肩上的担子更加沉重。

2. 品质下降。

第二个弊端"品质下降"，也是稍作思考就能明白的。

相信很多人都明白，工作前只有经过前期细致的思考，才能保证优秀的工作成果。

所以说，如果时间上并不紧迫，那么越早开始动手，工作成果的质量就会越好。但为什么过慢的执行速度会降低成果质量呢？

很重要的一个原因在于，其实你要做的具体任务，以及你对这项工作的态度，都是会随着时间的推移而逐渐被遗忘的。

如果用"手推车理论"来解释的话，不管是什么包袱、不管目的地是哪儿，如果总是不被运走的话，它也会单纯地被遗忘。

包袱本身形态多样，当有多个包袱要被同时运到不同的地方，甚至毫无意义地瞎倒腾，你的工作质量自然就下降了。

🗄 如果不尽快收拾，你会对包袱视而不见

随着时间的流逝，人的记忆会慢慢变得模糊不清。

因此，着手的速度越慢，你越会忘记究竟该做什么、究竟在追求什么，甚至连这些事的意义也不记得了。

而且刚刚开始着手某项工作时，你会发现其实还有很多"自己尚未理解透彻的部分"。

因此不管怎样，如果不尝试着动手去做的话，你就不会对这项工作有全面的认识——究竟有哪些方面已经完善了，哪些还不够完善。

你越拖延，你的工作质量就越差。这是因为你对需要执行任务的目标会越来越模糊，而且你也不清楚在开始工作时，还有哪些未知悉的信息。到了这时，才开始执行，已经为时晚矣。

到这里为止，我解释了拖延的两大弊端。接下来，我会详细介绍有关"手推车理论"的内容。

第二章

让包袱变轻的测算法

何谓"手推车理论"？

接下来，我会在这个章节详细介绍之前在序言中提到过的"手推车理论"。

所谓手推车理论，就是把你想象成酒店里的行李员，将需要做的工作想象成放在手推车上的"包袱"。

首先，请先简单地记住这三点：

1.尽量减轻货物的重量。

2. 保持心情舒畅。

3. 节省自己的推力。

身为行李员的你，已经将行李在手推车上放好，准备把它们运送到目的地了。然而，手推车却怎么也推不动，为什么呢？

1. 包袱太重了。

2. 路面不平坦。

3. 推动力不足。

就是这三点原因。

💼 预估、减轻包袱重量的测算法

那么从这里开始，我来解说关于"让包袱变轻的方法"。

总有一种人，他们不愿意立即处理工作，甚至对其放手不管。而这些人爱找的借口，总是"没有时间""太忙了""乱七八糟"等，就这样将事情推后。

难道，他们真的是因为没有时间，所以才拖延的吗？

为了判断是否确实如此，你需要对工作时间进行测算。

正如"手推车理论"这个名字，它是一种有着理论依据，因而可以被复制的技术方法。

"理论"的对立面是"感觉"，如果只凭感觉行事，问题是解决不了的。

也就是说，"没有时间""太忙了"这样的感受究竟是不是正确的，需要通过理论来验证。

这就是非常实用的测算法。所谓测算法，就是要将先入为主的观念转化为客观可计的数值。

💼 STEP1：测算法的应用方法

举个例子，假设你现在有一个"制订研修报告书"的

任务在手。

没有明确的完成期限，也没有可以参考的研修报告书，几乎是一份写不出来的报告书，你根本不知道如何下笔……面对这样无从下手的任务，你实在拿不出动力去做吧？

要完成这份研修计划书，到底得花多长时间呢？我在这里举个例子，实际来推算一番吧。

20分钟？1个小时？30分钟？5分钟？

对于处理缺乏经验的任务，预测工作时间并不是一件简单的事。虽然说整体上不太受影响，但也有不少难以判断的情况。所以，我会在这里介绍预估工作时间的方法。

那就是，从一个不怎么实际的数字开始，慢慢接近更现实的数字。

首先，设定一个不现实的数字。比如说，一万年吧。对，这很不实际。只是区区写个研修报告书而已，怎么会想到"要花一万年"呢？

为了让心态放松下来，你应该先设定一个玩笑似的、不现实的假定。如果在开头就提出一个很现实的假设，心情会无比沉重。因此，别小看你的"玩心"。

当然，这不可能花一万年，那就一点点地向现实靠近吧。

一千年，一百年，十年，一个月，一周，一天……

就这样一下子接近现实的假设了。

在提出非现实的假设时，你其实并不用太做考量。但在接近实际的过程中，还是需要稍加思索的，因此你的速度会突然变慢下来。

（半天吗？写研修报告书要花上半天？不，应该用不了半天。）

就像这样，让假设越来越接近实际。

三个小时？两个半小时？两个小时？

（两个小时吗？可能是得花两个小时……不，研修计划书不用那么久，不会耗费整整两个小时吧……）

一个小时？30分钟？

（没错，30分钟。30分钟写报告书足够了。嗯，30分钟之内写不完可不行。）

所谓测算法，就是像这样把感觉转换为数值。准确与否并没关系，将自己的主观感觉调整为客观数值的过程，才是最关键的。

将胡乱的思绪整理清楚后，可以让心情轻松很多。

（既然30分钟能做完，那就在午饭前搞定吧，总不开始可不行。）

如果你能这样想，就算非常成功了。

执行不顺的资料、麻烦的客户电话、在工作很累的日子准备饭菜……对于这些感觉上很烦琐的事，如果你会用"测算法"来预估工作时间的话，就会意外发现，其实处理起来并不费时间。我想，"这事非做不可"的心理负担，多多少少也会轻松一些吧。

💼 STEP2：将包袱拆分成小件

如果包袱太大，手推车就载不动。因此我推荐你把

大件货物细分成小件。而在细分时，清楚地区分"项目
（Project）"和"任务（Task）"是重点。

首先从语义上做区分。

·**项目：为达成目标制订的计划、任务的集合体。**

·**任务：能在日程表中记录工作、课题的最小单位。**

比如说，"活动招募""培养部下""整顿职场风
气"……这些全都是项目。

它们并不是一个整体的包袱，而是由大小各异的个体
组成的集合。不管再怎么运用"测算法"，你都很难准确

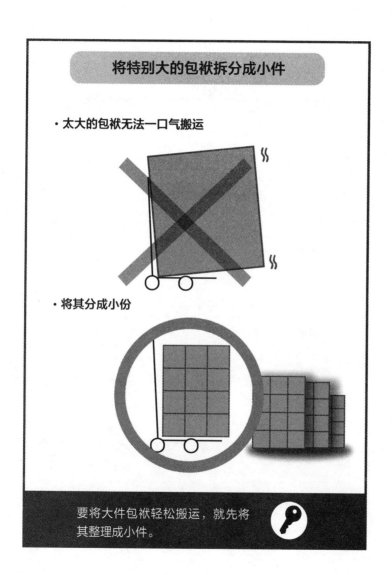

将特别大的包袱拆分成小件

· 太大的包袱无法一口气搬运

· 将其分成小份

要将大件包袱轻松搬运，就先将
其整理成小件。

预估出具体的工作时间。

包括私人层面上那些"该做的事""想做之事"，也是同样的道理。

和朋友出国旅行、节食减肥、学英语口语……这些也是项目。如果不把这些项目拆分，不仅无法立即执行，而且很难取得进展。

比如，我们来以"提高团队的办公效率"为例，一点一点地将其拆分成任务吧。

·向科长提议：希望采取一些行动，提高办公效率。

·征求三名核心人员的同意。

· 确定集合全体员工的日程。

· 集合全体员工，与大家达成一致。

· 由三名核心成员对业务逐一进行评价。

· 连同总负责人，商讨任务分工。

· 业务评价结束，向全员下达任务分工的指令。

像这样拆分成任务后，就可以用"测算法"对工作时间进行预估了。

· 向科长提议：希望采取一些行动，提高办公效率

（15分钟）。

　・征求三名核心人员的同意（30分钟）。

　・确定集合全体员工的日程（10分钟）。

　・集合全体员工，与大家达成一致（20分钟）。

　・由三名核心成员对业务逐一进行评价（45分钟）。

　・连同总负责人，商讨任务分工（60分钟）。

　・业务评价结束，向全员下达任务分工的指令（25分钟）。

　　当包袱太重的时候，手推车是载不动的，那么就把太大的包袱拆分开来，这样就能让手推车动起来。

如果不将"项目"细分为任务，那么具体的工作时间也难以预估，所以努力养成这种"化整为零"的思维方式。

💼 STEP3：减轻包袱的总重量

到这里为止，就是介绍的"测算法"的基本内容。

测算法本身就是通过预估时间来减轻心理上的负担——既然要减轻包袱的总量，那么"减少本身的工作量"也非常重要。

比如在业务中，可能明明不是你自己的工作，你却把它当成了自己的工作，或者被别人安排了工作。用"包袱"举例来说的话，就是你眼前那些散落的货物中，其实里面也有属于其他行李员的，或者根本就有其他酒店客户的包袱混在其中的。

像这种情况，能拜托给别人（或直接外包）的事情，本来就是可以没有的工作，你完全可以考虑"不去做"这个选项。

怎样才能在短时间内完成所有工作呢？在考虑怎样才能让业务效率化之时，应该考虑的不是如何减少时间，而思考如何"减少包袱量"。

为了达到这个目的，首先应该正确地了解包袱的总重量。

通过接下来的"可视化"，就能对包袱的总重量有充分了解了。

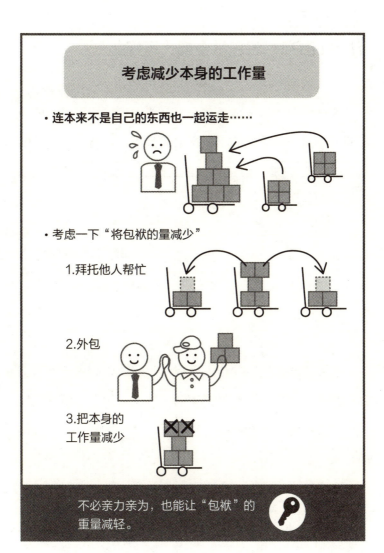

考虑减少本身的工作量

· 连本来不是自己的东西也一起运走……

· 考虑一下"将包袱的量减少"

1.拜托他人帮忙

2.外包

3.把本身的
工作量减少

不必亲力亲为，也能让"包袱"的
重量减轻。

💼 STEP4：将包袱全部"可视化"

到目前为止，我都是在介绍这些内容：把自己当成酒店的行李员，将该做的工作想象成包袱。我会这样介绍的其中一个理由是，自己该做的工作，也就是所谓的"任务"，本来其实是看不见的。

该做的事情太多，这个做不了、那个想做却没时间……这样的焦虑，偶尔下意识地会像泡沫一般消失不见，如此反反复复。

当那些该搬运走的包袱展现在眼前，你心里虽然可能会焦躁不安，但无论有再多事情，你也会想着"不管怎样先试着去推吧""胡乱抱怨也没用，动手搬吧"，接着行动起来。

然而，一旦在物理意义上看不见之后，你眼前就会陆陆续续出现更多新包袱的幻觉。那些看不见的包袱，就感觉和不存在一样。

接下来，为了了解这些包袱，你需要给它们"贴上标签"，就像给行李箱贴姓名牌一样。

在标签中，你应该写上这个行李的"重量"，以及目的地的具体"地址"。如果这个行李是要交给别人的，那也请写上此人的"姓名"。比如，这个资料要用50分钟，在3月2号（星期三）前完成，并且交给岩崎。就像这样，将内容记在标签上，同时粘贴好。

我自己是在用罗地亚A7的平装笔记本。每当我在笔记本的一张方纸上记下一个任务时，就算是我了解完一件"包袱"了。

这就叫作将包袱可视化。

💼 STEP5：给包袱画张"地图"

当你在整理一片狼藉的抽屉时，首先做的是把所有东西清理出来，除了按照东西的形状、种类来区分，还可以问问自己这些东西"需要还是不需要""常用还是不常用"？然后，该扔的就扔，该留下的就留下，整理完重新放回抽屉。这样清理起来最高效。

讲究高效率地运送包袱也是同样的道理。

逐个细看每件包袱的话，不管花多长时间都感觉不够。就像之前所描述的，每个人肩上的负担绝对值都越来越大，一不留神，负担就会持续增加。

和整理抽屉的方法相同，首先，是把自己"该做的事"在眼前清晰地展开，这很重要。

这种感觉就有点像是给包袱绘制一张地图。

这时，那些使用手账、手机等任务管理工具的人，就能把那些任务全部一点一点记下，并在眼前展示出来。

但是，那些没有被记录下来的任务，就不得不在自己的脑海里搜索了。

而我这里，有一套"回想三部曲"。

首先，开启你脑海中的短期记忆。短期记忆也叫"工作记忆（working memory）"，因为是当前工作状态的记忆装置，所以你会在平时特别频繁地使用它。因此，你一定能够毫不费力地回想起来。

"今天非把提案书写完不可了。"

"记得约客户。"

"得安排谁去担任联谊会负责人。"

"这周必须去买健身房里穿的衣服。"

"朋友说得早点去查马拉松的报名时间。"

……诸如此类，你会想起各种这样的"必做事项"。

然后把这些全都记在笔记本上。

接下来，就要开启大脑的长期记忆了。长期记忆不同于短期记忆，它就像一个贮藏有庞大数据的图书馆。正如数据庞大到如同汪洋，你不知道该从哪里以及怎样连接到它。就算你对自己的大脑下命令："快想起来"，也不是那么简单能想起来的。

这时，你需要找到一个线索。

"工作中，有哪些是必须要做的？"

"兴趣爱好中，有哪些是必须要做的？"

"对家人来说，又有哪些必做事项？"

等等，自己去询问自己。

就这样，通过线索，你就能很容易想起那些该做的事了。

比如说，对"工作"进行细分的话，可以包括：

"向上级做工作报告有哪些事情？""公司内的活动有哪些事情？""达成这次的目标之后，还有哪些事情？""在努力提升自己之后，还有哪些事情？"

然而在开启大脑的长期记忆之后，还是存在仍然想不

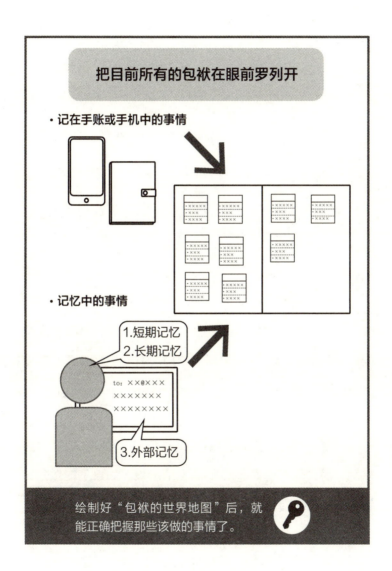

把目前所有的包袱在眼前罗列开

· 记在手账或手机中的事情

· 记忆中的事情

1.短期记忆
2.长期记忆

to: ××@×××
×××××××
××××××××

3.外部记忆

绘制好"包袱的世界地图"后，就
能正确把握那些该做的事情了。

起来的"必做事项"。这样就要连接第三个记忆装置——"外部记忆"了。

"确实有一个必须向总管提出的资料，是什么来着？"

"有没有约好接下来拜访客户的日子？目前的日程是怎样的呢？"

如果你查看了之前所写的笔记本、检查了之前收到的邮件，却还是不清楚具体任务，那就向某个知道的人询问。包括自己的大脑，你需要启用所有的记忆装置，来查找自己该做的任务。

这样一来，你就不仅明确了自己目前所有的"包袱"，更让它们清楚地在眼前展示出来。如果不能做到，就不能被称之为"地图"。

　　如果你希望对上述的短期记忆、长期记忆、外部记忆这三种记忆形式有更深入的了解，欢迎参照本人的拙作——《将成功变为习惯的三种记忆方式》。

能用手机或电脑将包袱可视化吗？

　　接下来，你需要将这些"包袱"全部输出，并将这张"地图"里的要点展示出来。

　　"这到底是我该做的，还是别人该做的？"

　　"现在就非做不可吗？还是不必现在去做？"

　　"只是我一个人的任务吗？还是可以和别人一边商量一边去做？"

"这是在办公室才能完成的事？还是移动中也可以完成的？"

等等，将这些各式各样的想法按组别分类。

这时使用纸质的笔记本或便利贴即可。

当然也有人用手机、电脑等电子设备来管理任务。这些设备也很方便，用用也无妨。而且我自己也用手机里的软件管理一部分任务。

但是，在绘制地图时，我还是建议用笔记本等纸质用品。

说到原因，其实就是计算机和手机画面太小了。

记录下来的东西，最多只能展开到屏幕本身那么大。如果还想看到更多的内容，就只能拉动滚条了。

因为看不到屏幕以外的所有文字，如果这些内容在大脑里的"工作记忆"（短期记忆）没有储存的话，就无法与屏幕上表示的数据进行比照。

而你如果用纸质笔记本的话，就可以将每个包袱逐一记录下来，全部在桌子上罗列好，在地图上一览无余，让所有的"包袱"毫无压力地呈现在自己的视野中。

制作好包袱的地图，带上将一切事物支配在手心的心态，你就不再是一个"懒于思考的人"，而能够非常清醒地纵观全局了。

正如前文所说，我正在使用罗地亚A7的笔记本。我会在记好笔记并用于后续的取用，然后按照笔记的种类分好类，方便管理。然后，将收集好的笔记定期在眼前罗列，这样就能一边看一边将笔记分组，在脑海中整理清楚。

你也可以将信息在电子设备上数据化，这么做虽然非常方便，但别忘了数据设备呈现的画面是有限的。

尤其是像我这种健忘、"工作记忆"短缺的人，眼不见，心不念，数据与数据之间更无从进行比照。那些本应在眼前的包袱——也就是"该做的事"，也就消失不见了。

💼 STEP6：将包袱整合

正如目前为止所提到的，将"项目"这个大包袱分解成"任务"这些小包袱，能让货物的搬运更加轻松。这是基本的思考方式。

然而，如果手推车上每次只放一个小包袱，那么搬运效率也很不好。所以，在分解包袱的同时，你应该考虑如何把包袱整合起来。

首先是把几个"项目"拆分成"任务"。

如果你手头上有"整理经营会议的资料"这个项目，那么就将其拆分成任务，并使用测算法把它们所需的时间记录下来。

· 查找资料的标准表格（5分钟）

· 和科长商量会议流程（15分钟）

· 向信息系统部的A要业绩数据（15分钟）

· 向部长确认整理的经营课题（20分钟）

· 整理资料（50分钟）

就像这样把项目拆分开。为了对所有包袱有清晰的认识，你可以用笔记将其记录下来，并在眼前展开。

接下来，假设现在有另一个"安排四月份的联谊会"的项目，我们也来将其拆分。

· 向科长确认联谊会的预算（3分钟）

· 查找会场（20分钟）

· 邀请A担任联谊会的主持（5分钟）

将这些任务一一记录好。

如果还有"公司配发的计算机不太好用了，向信息系统部的A询问一下"这样的任务，那么将这个也记录下来。

这时，一张便条上记一个任务就好，这也是一大要点。

这样一来，所有的包袱都能一目了然了。将眼前这些大量的便条排列，制成包袱的"地图"，这样可以更有效地用手推车运走。

秘诀就是，将同一目的地的包袱，用同一辆手推车去装。

比如说，获取业绩的相关数据、委托联谊会的主持人工作、找人帮忙检查电脑状况，这些包袱的目的地全都是相同的，也就是"信息系统部的A"。

然后你去信息系统部和A见面，将这三个事项一次性告诉他就好了。

营销会议的流程、联谊会的预算，它们的目的地都是相同的，即"科长"。你只要将这两件事同时与他商量即可。将目的地相同的包袱放上同一辆手推车，那么就能一次性运走了。

"手推车"，可以是大量的记事本，也可以是大号的便签纸。将任务的名称和所需时间记录在便签上，再把大量的便签纸贴好。完成之后，连同手推车一口气"哗啦"一下扔掉就好了。

💼 给包袱绘制地图，将包袱整理后发送出去

到这里，让我们来总结一下。

在来到公司上班的一大早，把今天该做的项目、任务全部写下来，给你所有的包袱绘制一张地图。

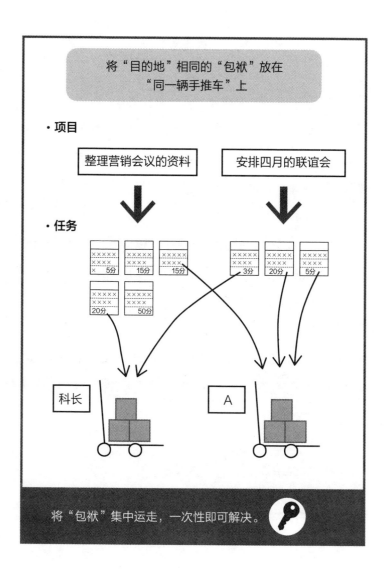

如果你是管理层，那么不要以天为单位，而是以一周、一月为单位写下来。

绘制成地图后，按照"人物""地点"等属性分清组别，整理好后一口气将他们搬运走。将"必须要做的事情"清理干净后，心情会释然不少。

尽管如此，如果脑海中还有"思维噪音"在干扰的话，也不能顺利地将包袱运走。因为如果路面的摩擦阻力太大，心情也会变得格外沉重。

因此，在接下来的一章里，我会介绍关于如何将思维噪音和那些无意识的碎碎念"可视化"，并消除他们的方法——噪音消除法。

这就是"手推车理论"的下一步。

第三章

让路面变得平滑的"降噪法"

让路面变得平滑

"马上就做、马上就做。"像这样嘴上说说、实际却不行动的人，他们的借口通常就是"没时间了"。然而，他们即使用了测算法，也明白并非时间问题，但却依然碌碌无为。为什么呢？因为他们身上往往还存在别的问题。

这时，你接下来需要考虑的，就是路面的问题了。

就算包袱很轻，但如果路面布满沙砾，或是泥泞不堪，你也很难将手推车推动。道理很简单，就是因为路面的摩擦阻力太大了。

打个比方吧。你背负了一个包袱，就叫它"不知哪儿出了一个错，因此不得不向上司道歉"的包袱。你预测道歉所需的时间大概也就两三分钟而已。

但是，虽然知道这样就能解决问题，但你还是迈不出那一步。

"为什么我非得向上司道歉不可呢？"

"这次的错，真是我的责任吗？"

"如果之前有人整理过防范错误的手册，不就没这事了吗？"

"不，并不是这样。还要再谦虚点才行。这就是我的错。"

"如果诚恳地道歉的话，上司应该马上就原谅我了吧？"

"会不会被他教训一个小时啊？"

"会不会意料之外顺利地被原谅呢？他会对我说'这样的失误谁都会有的，别在意、别在意'之类的话……"

"不，可能也并不会这样。有让领导大发雷霆的前车之鉴。"

"如果保持沉默，会不会万一就这样不了了之？之前也有过先例。"

"不，不应该保持沉默啊。"

"和A聊聊看看吧？道歉的话是用邮件好？还是用电话好？或者面对面……"

……就像这样，你会在脑海里不停地胡思乱想，却得不出任何结论，白白浪费时间。

💼 无法马上行动的人，他们内心纠结的过程是？

像这样的"思维噪音"，如果经常潜入大脑的"工作记忆（working memory）"里，就会在处理完工作之前不停循环，使压力持续累积。

在极端情况下，你可能还会陷入一种"被害者意识"。这时你心想："为什么我非得为这些事烦恼不可呢？一定是哪里不对。太奇怪了。"

整个思维的变化过程如下。

1. 非做不可（决心）。

2. 不做也会被原谅（撒娇）。

3. 还是别做了（发现）。

4. 并不一定要做（确信）。

5. 凭什么非做不可？（愤怒）。

一般情况下，你会将工作罗列在眼前，并下决心"马上去做"。然而，如果没有马上做，造成了拖延，原本不存在的"思维噪音"便会突如其来地出现。

人们都是希望对自己过去的言行给予肯定态度，而这就被称为"一贯性的法则"。你越拖延，就越对过去的想法和决策一贯性报以正当化的态度。这就是"噪音"产生新的"噪音"的原理。

💼 思维噪音："现在不做也会被原谅吧？！"

最先出现的噪音，就是从"现在不做也能得到原谅"这样的"撒娇心态"而来的。你会略带"侥幸"地认为，如果这个工作是受他人委托的话，那么委托方会原谅自己的。

但是，如果是自己决定过的事，那么原谅自己的拖延就更加容易了。也就是说，如果委托方是自己，你会更容易地"纵容"自己。

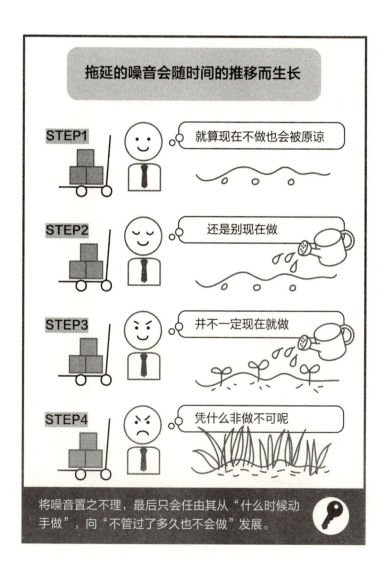

请把"现在不做也会被原谅"这样的思维噪音，想象成在泥泞不堪的路面撒下的一些种子。接着，当"还是别做了"这个噪音生根发芽，就该给这个种子"浇水"了。

你持续浇水，种子破土萌芽，路面的杂草开始快速生长。如此一来，思维噪音便会在"不必非得现在做"这类噪音中持续生长，心里的摩擦阻力瞬间增大。此时路面已经杂草丛生，再也推不动手推车了。

更糟的是，这条路上的杂草还会向树木的方向发展。也就是说，你会向"我凭什么现在非做不可"这个愤怒的方向发展。

就这样日积月累，如果从"就算现在不做也会被原谅""还是别现在做""并不一定现在就做""凭什么现在非做不可"这些表达里，将"现在"一词去掉，那就剩下了"就算不做也会被原谅""还是别做了""并不一定要做""凭什么非做不可"这些被扩大化的噪音。

这样一来，如果从"现在不做"中去掉"现在"二字，你就会觉得，其实是该做的事情本身"不用做"了。这样一来，你就从"什么时候动手做"，演变成了"不管过了多久也不做"，这可以说是最坏的结果。

酒店行李员会把载满货物的手推车放在眼前，从"不用现在去推"一点点变成"没有必要去推"，最后变成"为什么我非要搬运这些行李不可"这样大发雷霆的状态。

💼 负能量成性的人，没有手推车的"车轮"

有一些人，他们总是在烦恼。明明知道烦恼不能解决问题，却还一个劲儿地烦恼。越来越多的烦恼和压力积累起来，便会积劳成疾。

就算该做的事情就在眼前，但总是烦恼这儿、烦恼那儿的人，其实是根本就没有给手推车装上"车轮"。请你接受这个事实吧，这就是"车轮"无法顺利转动的原因。

如果手推车的车轮无法正常转动，可以说，搬运货物会变得极其艰难。与之类似，你的压力势必会因烦恼日积月累而不断变大。

"烦恼"和"思考"的区别

那么，如何才能让手推车的车轮正常地运转起来呢？

把它和"大脑的运转"做类比的话，也许会更容易理解。

简单来说，总是烦恼的人，他们的大脑也是不运转的。更简单地说，烦恼的人并没有在思考。

乍看之下，你摆出一副正在思考的样子——你没有意识到，你只是很确信自己在思考——但实际上并非如此。

为了让你从烦恼中解放出来，先给"烦恼"下一个清楚的定义："烦恼"究竟是什么？毕竟"烦恼"是有别于"思考"的。

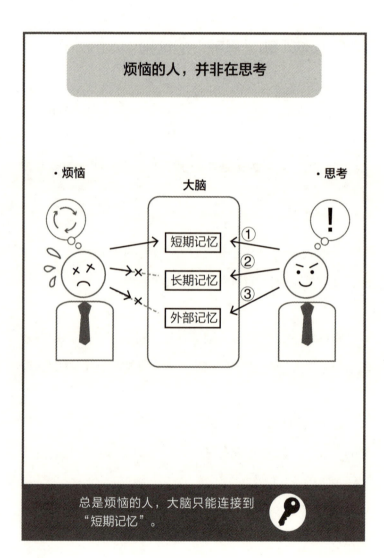

烦恼的人，并非在思考

·烦恼　　　　　　大脑　　　　　　·思考

短期记忆　①

长期记忆　②

外部记忆　③

总是烦恼的人，大脑只能连接到
"短期记忆"。

如果把"思考"比作计算机的数据处理，那么"烦恼"其实并没有在处理数据。也不是数据量不足，而是储存数据的记忆装置无法正常调用罢了。

关于人类大脑处理数据的记忆装置，我想简单地进行说明。这里所说的记忆装置，就是前文所说的"短期记忆""长期记忆""外部记忆"这三个。

普通情况下，人们在打算思考之时，连接速度最快的就是"短期记忆"。然而，如果在这个领域你所想要的数据并没有被储存，那么就会连接到大脑中更深层的部分，也就是"长期记忆"。

举个例子：

"你母亲的名字叫什么？"

如果被这样问道，谁都能立即回答出来。因为这个数据在脑海里已经处理过无数遍了，它已经储存在长期记忆中。

换一个问题："你的上司的名是什么？"

如果你被这样问道呢？

"上司的名？嗯，姓是铃木，名字是……和久吗？不，感觉是直久。唉，是智久吧？"你可能会这样想。

就像这样，在大脑的长期记忆连接不上的情况下，就会依赖到外部记忆。你开始在部门组织图里寻找上司的名字。"啊！是铃木泰久。对对对，怎么都忘了呢？"这样想起来。

也就是说，所谓"思考"，也就是大脑在"短期记忆"无法连接之时，启动了"长期记忆"和"外部记忆"。

那么，"烦恼"又该怎样定义好呢?

恐怕那些总是在烦恼的人，就算想要处理数据，也只能连接到"短期记忆"而已，"长期记忆"和"外部记忆"都无法达到。因此，就会这样反复琢磨。

虽然知道眼前还有工作，但完全没有去做的动力。因为工资太少，也感觉不到工作的意义何在。为什么会进入这样的公司呢? 新年聚会中见到的朋友们个个都神采奕奕的样子。然而，最近总是会想，和他们比起来，我自己究竟在做些什么? 思考这些事情的自己，真是柴废得不行……

就这样来来回回思来想去。正如之前所提到的，你会陷入无尽的循环之中，渐渐在心里积累怨气。越是烦恼却越是找不到解决办法，就这样气呼呼，折腾到最后却发现迷失了自己。

　　接着，如果你和那些只会一个劲儿"烦恼"的朋友商量，那就更糟了，这样就会开始陷入一个无限循环的烦恼中。

　　说到工资少，是真的工资少吗？是和自己期望的比起来少？还是和同时进入公司的同事比起来少？还是和毕业生平均水平比起来少？

　　说起来，首先自己的工作有没有好好完成？到底有没有实现之前公司的期许呢？

　　新年聚会上有几位朋友，这其中有几人看上去神采奕奕的吧？为什么呢？是喝醉酒了呢？还是很满意现在的工作，所以看上去那么精神？

　　找到了正确的线索，才能提出正确的"问题"。有了正确的"问题"，长期记忆才能被顺利开启。

为了摆脱这种状态，前文中所提到的测算法非常有效。如果能将感觉持续数值化，你就离养成"思考的习惯"不远了。

正如手推车的"车轮"顺利转动，平日里就应该准备好该有的"车轮"。

一个人不可能完完全全没有烦恼。

然而，当大脑能持续地正确处理数据时，大脑的基础运算能力也会得到提升。养成"思考的习惯"后，"烦恼的习惯"——也就是思来想去的次数便会继续减少。

📁 陷入没有出口的死循环

以前在做咨询时，我曾遇过这样的事。

在营业部门，我让身在工作一线的营业人员每人制订一个"新客户拓展清单"。我特别强调，不是让上司，而是让在工作一线的年轻营业人员去完成，这才是最重要的一点。而这在当时也征得了各位经理的同意。

然而过了三个星期，这份清单还是没能完成。这都不算，公司的经理那边竟还因此迁怒于我。

至于事态发展至此的原因，是那位委托我进行清单整理的经理，不停地在脑海中"碎碎念"。

（横山先生虽然说只要让他们在一线工作就行，但其实并不是这么简单的事。因为现在的年轻人听人说话总是一只耳朵进，一只耳朵出。对，究竟怎么做才能让现在的年轻人好好干活呢？来查查看吧……）

这种"脑内碎碎念"停不下来的经理，其实是无意之间多了其他的包袱。这个包袱，在这里也就是"如何让现在的年轻人好好干活？"

这位经理不知从哪儿听说了"经常对团队进行风气评判的公司，年轻人会努力干活，表现活跃"。

接着，他联合总务部提出了定期举行"团队风气评判"的建议，总务部也说，"正好高层也提出过这样的意见，到时候你也来我们的评判会吧。"这样他便接受了委托。

就这样在三周时间内，开了三场两小时以上的会议，却一次也没有对工作人员布置过"制订一个新客户拓展清单"这个任务。

更糟糕的是，由于这位经理的"脑内碎碎念"积累过多，在各类工作进行之时，他逐渐在心里累积成了怨气。

（说起来，为什么我必须参加团队风气评判的讨论会议呢？明明这么忙，每次参加这种没用的会议太奇怪了吧……可能就是因为现在年轻的营业人员对我的话听不进去吧？说什么要制订新客户拓展清单，那个叫横山的咨询师到底是什么家伙？到底是什么来头，他到了我们公司，是社长带来的吗？戴着咨询师头衔的家伙里，肯定没有什么靠谱的人……）

像这样的"脑内碎碎念"一刻不停地进行着。

三周后见到我时，他就像完全崩溃了似的，对我说了很多难听的话。我这边拜托他的事情一件也没做，应该做的事反倒没有成为重点。

既然这位经理靠不住，那我就召集了年轻的营业人员，向他们试着安排了"制订新客户拓展清单"的任务。
接着，也两次得到了他们"明白、了解"的回复，这不也
行了吗？在这之后，无论交给年轻的营业人员什么任务，
他们都直接完成好了。

这位经理带着严重的"脑内碎碎念"，参加了多场毫
无意义的会议，继续着他的"无用碎碎念"。没有任何回
应，只是一次又一次地来回讨论而已。

没有思考习惯，只是无端烦恼的人，如果集中地持
续"碎碎念"，就像上述所说，会在内心满满积累怨
气。由于驻足在这个找不到出口的无限循环里，当他面
对这些毫无来由的愤怒时，这种积怨就会在无意识中爆
发出来。

思维噪音若是增加得太多，它们一旦结合在一起，便
会生成出新的包袱。如果包袱太多，那就哪儿也运不走

了。

现在正是每人所有包袱的数量不停增加的时代。和整个团队一起，尽量避免让那些无用的包袱继续增加吧。

💼 "正念冥想"为何火遍全球

不得不说，这是个人心浮躁的时代。如果只是纯靠意志赶走杂念、减少"脑内碎碎念"，也是极其困难的。

因此，谷歌、英特尔和脸书这些最先进的企业都引入了"正念冥想"。

为了避免意识在内部集中，他们把这些抛向了外侧。他们在努力将有意识转化为无意识状态。

这就是NLP理论（Neuro Linguistic Programming，神经语言编程的心理疗法）中，将"有意识心理"状态过渡到"无意识心理"的表达方式。

💼 远离这三类"思维噪音"

由于"脑内碎碎念"是无意识的行为，那么就将其与思考看作一体。因此，如果将这样的"碎碎念"搁置一旁，也难以完全和思考这一行为分开了。

为了将其区分开来，这里也给它们贴上"标签"，也就是"起外号"。给思维噪音命名，并且把它暂且搁置一旁。

思维噪音分为"物理噪音""否定噪音""联想噪

音"这三类。

最容易理解的是"物理杂音",也就是"杂音""吵嚷",它是听觉上、物理上的概念。如果周围十分喧闹,那么工作时就很难集中精力。如果是因为做着最爱做的事情,可以无视周围的杂音而投入其中也很好,但若非如此,注意力是极其容易被分散的。

在办公室里,有人找你说话并打断你的工作是难免的事。所以,将这种类型的噪音归纳为"物理噪音"也可以。

"好不容易才集中精力,别找我说话啊……"

像这样的牢骚,其实谁都会有吧。

另外,对眼前的工作持一切否定态度的想法,也一定要根除。若将这种感受用一个词概括,就是我们所说的

三类思维噪音

1.物理噪音
· 杂音、吵嚷等物理上的概念
· 被人搭话，从而打断工作……这类例子也算

2.否定噪音
· 对眼前非做完不可的工作抱有否定的态度，并将其变成了语言
· "为什么我非得做这样的工作不可？"——像这样的处理对象信息之外的无用信息

3.联想噪音
· 对工作中已知的信息进行各种各样的想象，从而引发联想
· 一定会出现"这么说来"这个短语

工作过程中出现噪音的话，手头的活儿会就此中断。

"否定噪音"。

"为什么这种工作非得交给我？"

"这种事真的有必要做吗？不做的话科长可能也不会生气吧……"

那么，这样的噪音被称为"处理对象信息之外的无用信息"也很合适。

为了更好地完成工作，必须要处理掉这些信息。

然而，一旦这种"否定噪音"在脑海里开始胡乱反射，大脑会变得无法顺利运转，你的手也会随之停下。

在最糟的情况下，甚至会自我否定。

"不……要啊。做这种工作，一点意义也没有。"

"怎么打不起精神来呢。这份工作到底有没有去做的意义，谁来告诉我？"

等等，你就这样非常随意地下了判断，还没做完手头的事，就开始做别的事情了。

最后，"联想噪音"是指当你在工作中遇到了一些信息，便开始浮想联翩，从而衍生出一些更不必要的信息。

比如说，以"制作面向下周来参观的客户的提案资料"为例。你在制作资料的过程中，开始了这样那样的联想。而引发这种"联想噪音"最常见的短语，就是"这么说来"。

"这么说来，下周来参观的客户，是哪个行业的？"

就像这样。请小心避免这种在大脑里自言自语的癖好。

"这么说来，下周来参观的客户，是做什么行业的？感觉是建筑行业。不，应该是房地产开发商？还是说是做公寓租赁的公司？"

如果在工作的过程中产生了联想噪音，就很难不被打断。而让问题更严重的，是网络的存在。

"这么说来，下周来参观的客户，是做什么行业的？"当你在自己大脑的长期记忆里搜寻，却找不到答案时，如果在连不上网的环境里，你会想着"啊，算了，之后再看问问谁吧。"然后就这样放弃，重新回到眼前的工作中。

然而，现在的计算机也好、手机也好，会一直连接着互联网，有什么想查的随时可以查。那么一旦你暂时放下了手头的工作，开始做别的事情的话，会怎么样呢？

"这么说来，下周来参观的客户，是做什么行业的？

感觉是建筑行业。不，应该是房地产开发商？还是说是出做公寓租赁的公司？"

"我来查一下吧。"

如果就这样开始在网上搜索，那就很难再一次重新回到工作中去了。

对那些容易分心、难以集中注意力的人来说，正是现代的互联网社会让他们更容易分心，也加大了集中注意力的难度。

🗄 给思维噪音贴上"标签"

比如说，在你整理资料的时候，

"这么说来，那次协商谈得怎么样了？想向田中打听一下状况。"

你无意识地思考起来。你转向屏幕，开始用起计算机，大脑内部意识瞬间集中。那么，赶快为这个噪音贴上标签。

这是"联想的噪音"。

否则，一旦联想噪音与其他噪音结合，很有可能产生新的噪音。

"这么说来，那次协商谈得怎么样了？想向田中打听一下状况。之前的那次协商，真是令人关注。啊，这么说来，感觉田中最近对工作都没什么热情了。之前并不会这样……下次去问问他吧？不，就算问了他，也不知道他会说些什么，再说他最近态度特别冷淡。这么说来，资料整理这件事本来是田中该做的，怎么就换成我来做了……

啊，怎么突然来气了。"

"这么说来、这么说来、这么说来……"就这样反反复复地沉溺于空想，联想噪音慢慢越变越大，甚至诱发出更多否定的声音。

最后演变成：

"怎么感觉这样下去不行啊。要不要和部长谈谈田中的事？"

一旦这样决定，你就再也无法回头。当别的包袱突然从天而降，你就必须得把这件多余的包袱放在手推车上，赶紧运走。

因此，只要不是极为重要的事，就给这些噪音贴上"物理噪音""否定噪音""联想噪音"之类的标签吧。就算只有一个"噪音"的标签也没有关系。

贴好标签后，马上将这些噪音转移到其他地方去。一定要趁现在把眼前的"包袱"，比如刚才所举的例子"制作资料"的任务，立即运送到目的地去。

将包袱的地图认真整理好后，即使之后有意料之外的包袱出现，也能够将其先放一放。只要不是太过重要的任务，这张地图就不会增加。

冷静地判断一下。

这就是要在第五章里介绍的，掌握无偏移坐标轴的重要性。

随着"脑内碎碎念"的发展，如果有新的包袱在脑海中浮现，将其冷静地、轻轻地放置一旁即可。别将其记在便条上使其"可视化"，没有这个必要。

选择噪音很少的"时间段"

在工作时,也许经常会有"还是不想做啊!""太麻烦了!""这个工作真的有必要吗?"之类的声音在脑袋里嘀嘀咕咕,这时摩擦阻力会变得很大。为了消除这些"否定噪音",我会推荐你做"时间带"的选择。

我推荐的是清晨,绝对不赞成的是晚上,而深夜更是不好。

在夜里,你一整天接触到的杂念、杂感、杂音……所有这些思维杂音都在你脑海中反射着,几乎不可能高度集中注意力。

突然来了一个晚上十点前必须做完的工作,这样的紧急情况暂且不论,但如果并非如此,那就尽量早点去睡,节省时间早点起来工作,可能会更有效率一些。

在睡眠的过程中，噪音会在脑海中沉淀下来，心里的摩擦阻力也能得到有效缓解。

而且在清晨，"物理噪音"也是几乎不存在的。这是非常重要的原因。

选择噪音很少的场所

为了防止被外部入侵的"物理性噪音"打断，场所的选择非常重要。如果你打算集中精力一个小时，比起不会被任何人插话打断的办公室，一个人待在会议室里也许更为明智。

如果在咖啡馆里工作，你可能很容易被旁边人说话的声音打扰，所以你可以一边听音乐一边集中精力干活，或者寻找一个没有其他人的地方……这些都是你最好采取的一些对策。

接下来我会提及一些"手法"。我最希望你能注意到"网络对策"这个方法。在使用计算机工作的情况下，我强烈推荐你在完成工作之前切断网络。如果是在白天，也别忘了关掉手机的电源或者调戏成勿扰模式。

在绘制地图的时候，我推荐使用"纸质便签"的原因，其实也是为了杜绝噪音的产生。

除了可能随时需要被联络的紧急状况，那么在必须集中精力三到四个小时才能完成的工作中，请隔绝一切干扰信息。

说说我自己吧。我平时早上四点半左右就会起床，撰写专栏文章和邮件杂志。大脑里几乎不存在任何噪音，更别说外界的影响了。关不关手机电源倒无所谓，因为在这个时候并没有人会联系到我。需要注意的，只有计算机的网络连接而已。

在某种程度上，如果我已经把文章原稿完成，我都会将其打印出来，并在纸上琢磨推敲。

为了成为"立即执行的人"，虽然有"一定要做到"这样强烈的意识是非常必要的，但我认为除此之外，针对这个"噪音时代"制定独特的应对策略也必不可少。

以"动力"为名的噪音

其实所谓的"动力"，也可以说是噪音的一种。

"不知道怎样才能激发动力呢。"

"想知道如何才能消除'被迫感',把动力激发出来？"

在我做咨询顾问的同时，我每年还会参加150次以上的演讲和研讨会，与超过5 000人次的经营者、经理进行交流。在这时，如果你对那些听者进行问卷调查，或者问问他们的烦恼，他们一定有很多都和动力相关。

现在，正在读这本书的你也一样。

"和我一起进入公司的同事辞职了。在这样的公司待下去是不会有动力的。"

"这个目标太高了。一味设定不切实际的目标，动力也会因此消失的。"

是不是这样想过呢？

🗂 关于动力的正确知识

有一个鲜为人知的事实，那就是"动力"（注：词源为英语单词motivation）这个在日本媒体中频繁使用的词汇，其实是从2001年才开始出现。

这是一个被大家广泛应用，却相对而言比较新的词汇。总之以前的话，像是"我因为缺乏动力，所以无法投入工作"这样的说法，几乎是没有的。

由于这样的流行语极其容易被误解，那么最好先为其下一个简单易懂的定义。

说起来，"动力"到底是指什么呢？翻开词典，会看到"人们为了达成目标所付诸的行动，内心的悸动、欲望、动机"这样的解释。但还是不好理解吧，那就让我来更简单地表达一下。

"所谓动力，就是理所当然地去做理所当然的事情，以及完成这些动作所需的内心的悸动、欲望和动机。"

"早上9点去上班""约好11点拜访客户""在1小时内完成20件组装""傍晚6点之前进完货"……这些事如果是"理所当然"的，那就和"动力"没什么关系。

早上上班的时刻是确定好的。在这个时间之前计算好动身的时间，查好交通路线，确定交通方式，前往公司，这并不需要什么"动力"。

前一天晚上喝多了，就算多多少少有些头痛，你也会和往常一样离开家门去上班。

"欲望""积极性""动机"等这一切，并不是必需的。为什么呢？因为这些已经形成了"习惯"，是"理所当然"的动作。

这些并不会由于"内心的悸动""感情"等因素而受到左右的事情，它们是存在于潜在意识中的。

就像这些，每天的生活和工作中被视为"理所当然"、习惯的事情，并不会被"动力""积极性"所影响。这么说来，如果你是酒店的行李员的话，将眼前这些包袱运走，也是理所当然的事吧？

如果你是行李员，那么就应该不会被所谓的动力左右，轻松地将包袱运走。这样想的话，心情一定能轻松很多。

"虽然这么说，但我并没有在酒店里工作，也并不是行李员。"这样固执己见的人可能也有，可是你都读到了这里，如果你还有这样的不满，那这不是"噪音"还能是什么呢？

第四章

锻炼推动力的"心理韧性"

你有推动手推车的体力吗？

到目前为止，也就是在第二章、第三章所讲的内容里，我已经介绍了如何使包袱更轻，以及如何使路面更平坦的方法。那么，当包袱变轻，路面顺畅之后，接下来就是推动手推车了。

然而说起推动力，无论再怎么减轻，多多少少都会耗费一点儿力气的。因此，不管你有多么想省力气，都存在它的极限。

包袱有多重，劲儿就得使多大。即便是选了非常平坦的路面，如果没有适当方法，你也只能靠蛮力。若是体力为零,那么就算是空纸箱,你也对其无能为力。毕竟,光叹气不动手,手推车是不会自己动的。

你尽可能地让包袱变轻了,也选择了摩擦阻力很小的路面,那么现在只需推动即可。到了最后关头,就是"唯心论"了。总之,一鼓作气,一如既往,大喝一声,推动!

其实一旦手推车顺利起步,那么根据惯性法则,你只需轻轻用力就好。

但这里必须要提醒一点的是,你一旦停下来,就得耗费大量力气重新推动。

所以,你也应尽可能不停下、一鼓作气地把东西直接运到目的地。总之,如果你用测算法得出结论:这项工作需要花费30分钟,那就尽量保证在30分钟内一气呵成地完成工作!

接下来，我会介绍锻炼推动力的具体方法。

📁 锻炼"心理韧性"

那么，要怎样才能拥有足够推动手推车的体力呢？或者说，这样的体力要如何锻炼出来呢？

在这之前，我们提到了"心理韧性"这个词语。

它的意思，其实就是类似于"百折不挠的力量""在逆境中逆袭的能力""精神恢复力""抵抗力""耐久力"等这样的词语。所谓"韧性"一词，其实原本和"压力"一样，起源于物理学用语。

来试着将"韧性"这个词的表达与"耐压性"一词同

等置换。然后，你就可以通过锻炼与压力相对应的耐压性，来锻炼"心理韧性"。

耐压性的强弱，对每个人来说都有不同程度的差别，并非人人相同。然而，从小就一点儿压力也抵抗不了的人，倒也是极少的。

当较小的压力一点点积累起来，逐渐形成抵抗压力的抗体，这时极小的压力便会导致抑郁，耐压性就此崩盘。

在很热的天，如果只待在开有冷气的房间里，体内的耐压性是不会得到提升的。即使只是花个15分钟到30分钟出去散散步，活动身体了，那么身体也能得到锻炼。

身体和大脑相同，若是面对重压时能有意识地进行修复，就能增加身体的恢复能力。

当"心理韧性"增加到一定程度,那么"推动力"也就锻炼出来了。

增加"气势"的三个条件

为了推动手推车,你会大叫一声"嘿呀",因为体内的"爆发力"是非常必要的。这也就是类似"气势"的东西。

所谓爆发,就是在一定条件下瞬间燃烧。如果把"爆发"想得更简单一点,其实就是"引擎"。加上汽油等燃料,踩下油门,顺势将动力传导给轮胎——这就是引擎的功能。

这里我想说的重点,叫作"气缸"。所谓气缸,其实就是爆发所处的燃烧室。正是因为气缸的外壁非常坚固，才能向轮胎传递动能。然而，如果你的气缸非常脆弱，又会如何呢？

在燃料燃烧后，引擎便会出现故障，这时动力也就无法传递至轮胎。所以在商业实战中，如果仅仅爆发，也没有任何意义。

偶尔也有非常容易"被点燃"的人。他们很容易受别人的影响，胸中的火焰极易点燃并爆发出来。然而，也有那种单靠爆发，还不足以使其前进的人。就算是"有动力""被点燃"，他们也完全无法开始新的行动。因为他们是永远无法迈出第一步的人。

这样的人，其实就是喜欢给自己找退路。就算内心的激情已经被点燃，但如果还有退路，那么动力也无法传导出来。

而到了这种时候，你就应该把自己关进"气缸"中。当你进入坚固的燃烧室内时，也就不存在退路了。

既然没有了退路，那么除了行动起来，别无他法。由于体内的能量得到了激发，这样的动力便足以传达到任何所需的位置。

让自己"无路可退"的三种方法

让自己"无路可退"，有三种：

1. 时间上的限制。

2. 空间上的限制。

3. 网络上的限制。

被决定好的时间里，被决定好的空间内，在无法联网的状态下完成工作。集中在这三种条件的环境下，你就能爆发力十足地全力冲刺！

在出入自由的场所、自由的时间、随意联网的环境下工作的话，你很难真正激发出"爆发力"。在那样的地方集中精力，只能导致工作量的徒增，这样一来，就只能靠你自己的意志力了，技巧、方法都没用。这样的话，那我就只能给你"集中精力加油干！"这样的建议了。

试一试上述的这三个限制吧。不给自己逃避的空间。告别以前自由放纵的工作方式，激发自己的潜能吧！

💼 进入状态

接下来，为了锻炼推动手推车的力量，我会来解说关于“进入状态”的感觉。

当人被“逼上绝路”、感到压力爆棚之时，就会陷进非常投入、忘我的状态。这种现象俗称“进入状态”。那么“进入状态”究竟是一种什么样的感觉呢？

·注意力高度集中，有一种“头脑清晰、毫无杂念”的感觉。

·感觉时间停滞，时间感错乱。

·陷入陶醉状态，幸福感爆棚。

·疼痛、苦闷、压力得到解放，情感能够得到控制。

·在极短的时间内做出正确的判断。

那究竟为什么会有到这种心理现象呢？

·神经传导物质内啡肽分泌，发挥了对于压力的镇静作用。

·脑部的"运转次数"上升到极限，"心理感受的时间"异常延长。

当自己面对巨大的压力，脑内的发动机便开始运转，达到精力集中的极限。

"一定要一个小时之内完成预估的五页资料。"

"八分钟还赶不到车站的话，就会错过电车了。"

"还剩两天，必须得完成二十四位新客户的回访工作。"

诸如此类，不只是体育界，在商界实战中，也会有这种被压迫着"进入状态"的感觉。

这就是所谓的"正念"状态。

对于那些"脑内碎碎念"开始后，无法为思维噪音贴上标签、将其搁置一旁的人，那就在短时间内进入"超忙状态"，用离心机将脑海中的噪音赶走吧。

进入状态后，你的心中会邪念消失、心无杂念、冷静沉着。

这时，你会有种强烈的幸福感。这就是受到脑内神经传导物质"内啡肽"分泌的影响。你会一时体验到幸福的感觉。

抛开混乱的压力，运用测算法，为自己设定好时间上的限制，不要逃避，一口气做到底。

当你真正"进入状态"，大脑的基础体力也会因此提高。这样一来，抗压能力提升后，心理免疫力也能因此提升。

第五章

成为“不被轻易摆布”的人

现在很多时候，"不立即执行"也是上策

到目前为止，我一直在介绍"手推车理论"，也就是如何成为"有立即执行力"的人。"能够立即执行"，是工作中必须掌握、最低限度的基本技能。

看到这里，想必你非常想拥有这个基本的"立即执行力"，但我也想提醒你，在实际应用中，并不是凡事都得立即执行。

但这并不是"不去立即执行"的理由。坦白来说，有时候有些人是很容易受他人摆布的。

即使有其他的人拒绝过这件事，但如果是易受他人摆布的人的话，只要再稍微拜托一下，他就会马上接受。非常遗憾，别人就会觉得你是个不假思索，什么事都直接"立即执行"的人。

谁都不会喜欢轻易受他人摆布，每天被人呼来唤去，牵着鼻子走。

明明肩上背负的重担已经够多了，却总有人对此毫无察觉，甚至还陆陆续续地揽下更多其他的包袱。如果身边有这样的人，你会怎么想？

明明有很多该做的事，上司却对你说"稍微帮下我行吗？"，妻子对你说"今天不早点回来吗？"，丈夫对你说"反正在职场也不用干得这么拼吧？"……

如果发现周遭的人对自己这么想，谁都会焦躁不安。简单来说，你会觉得是不是自己"被要了""别人当我是傻瓜",甚至是"根本没人关心我"。

因此,"轻易摆布"换句话说,其实就是"轻易动摇"吧。

危险的"好好先生"

若是一直持续这种状态,会有越来越多的人向你提出要求,而这种现象就叫"刺激驯化"。提出要求的一方对"要求压力"的耐性不断提升,要求的级别也会因此被动抬高。

接下来的问题是,如果你拒绝他们,很可能会被"反咬一口"。因为对方早就认定你就是个"很容易动摇的人"了。

比如，如果你这样拒绝：

"这次有点难办啊。"

他们有时候会展现出这样强硬的态度：

"嗯？别说这种话，帮我一下嘛！"

由于被这样毫无根据的说教，你被轻易摆布的程度又会持续上升，难免会又急又气。

这就是"好好先生"。这是一种对于他人提出的要求从不经过仔细思考、条件反射般地予以承诺的心理现象。

"我现在有点忙，能帮我一下吗？"

如果有人对你这么说，你会条件反射般地回答说："好的。"这样就使你成了个"好好先生"。如果你试着多加思考就会发现，在多数情况下，其实你自己比对方更忙，而且也有可能只是他纯粹犯懒，才想把事情交给你。

然而，你已经答应他们了。

"不行，这个工作无论如何也没法在五点前完成了。"

你无法像这样提出异议。你会不情不愿地勉强答应对方的要求，然后陷入自责情绪："为什么就答应了呢？"这就又生出了"否定的噪音"。

到底怎么做才能不被人牵着鼻子走呢？怎样才能不受他人影响呢？

最重要的，是将你的包袱给对方看。

如果不能将自己的包袱可视化，你就会很容易答应别人。然而，如果说你眼前已经有了七张便利贴，而且时间都清清楚楚地写着，你冲动之下答应他们的可能性就会减少。

你必须得搬走的包袱已经够多了，你将这张"地图"直接展示给对方看。这样一来，他也会有所顾虑的。

不把已经塞得满满的包袱让对方看到，才是最大的问题。

所以哪怕是为了自我保护，也应该经常将包袱可视化。

📁 不被别人"牵着鼻子走"的自我管理术

为了不再被别人呼来唤去，你应该以一天、一周、一个月等为单位，定期为包袱制作地图，并且使用测算法，给它们贴上标签。

即使是同样的任务——"制作预算资料"，也有这两种大不一样的情况：

1. 在这周内完成估价资料。

2. 在周四白天下午三点到五点这两个小时之内，完成估价资料。

到了周四上午，上司对你说："下午有一些工作需要你的帮忙，拜托了。"这时，你可能虽然心里想着"这周内一定得做完估价资料"，但嘴上却条件反射般地答应上司。这也就是所谓的"好好先生"。

但是，管理"在周四白天下午三点到五点这两个小时之内完成估价资料"这项任务的人，是应该再多做些考虑的。然后你应该说：

"我需要用下午三点到五点这两个小时把估价资料完成。除了这段时间之外都行。"听到这儿，你的上司也应该会这样回答你："那也行吧。"他会改口说："所以，五点之后都不能帮我啊。"

如果你严于律己，正确地管理"该做事项"，别人就不会认为你是个"轻易被摆布""轻易动摇"的人。

紧紧把握自己的原则，对自我严加管理的人，一定不会被人牵着鼻子走。

虽然"立即执行"是一个特别好的习惯，但很遗憾，如果对象、场所和时机不同，你也会有被他人利用的风险。你心里必须清楚这一点。

📁 不必立即执行的第二个理由，"LIFO思考"是什么？

你知道"后入先出"这个词语吗？

处理事情的全新方式——"后入先出法"，就是将后来的事情先进行处理。英语记为LIFO（Last In, First Out）。相对的，则有先入先出法，也就是FIFO（First In, First Out），将先来的事情先处理。

有一些以"后入先出"为行事原则的人，他们有一个习惯，就是把后来的行李优先搬运走。对于这样的人，我建议他们在执行任务前，仔细考虑一下这项工作到底有没有"立即执行"的必要。

比如说，有客人要将行李 A 寄存。如果这件行李"A"可以一次性运走，那也没什么问题。然而如果是不分成小件就没法运走的情况，这件行李会被分成A-1、A-2、A-3这三份。

但是在A-1被运走之后，另一位客人的行李B也要被运走。一般来说，应该是把行李A全部运完后，再开始运行李B。这就是先入先出（FIFO）的想法。

然而，在A-2、A-3还没有被运走的情况下，你被要求开始运行李B，而这时拆分成C-1、C-2、C-3、C-4的行李也要开始搬运，这种情况下该怎么办？

接着，在这些都结束之后，你又接受了其他客人的行李D，并将其分成了D-1、D-2两小份，但仅仅只运走

D-1……这样的话，只会越来越乱。

这是后入先出（LIFO）的人的思考顺序。

如果你继续接受客人的行李行李员作，不管过了多久，A-2、A-3、C-2、C-4、D-2也搬不完。

有LIFO思考习惯的人，当工作接踵而来时，他们是绝对招架不住的。你一直不停地处理工作，你会永远也弄不完的。总的来说，这就是安排工作和计划的方法有问题。

"立即执行"是非常重要的。然而，当很多的任务积累起来，构成了一个整体项目的情况下，一定要谨慎选择正确的顺序。

尤其是对于被委以管理重任的人来说，如果有LIFO的思考方式，那么团队的工作是无法正常运转的。管理层自然不用说，对于那些有志于将来要成为领袖的年轻人，你

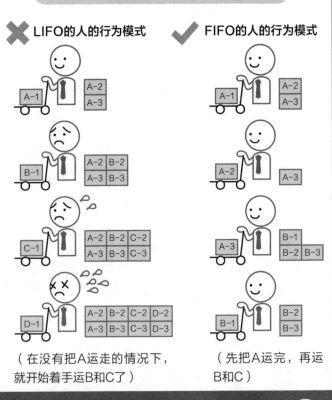

如果有"后入先出"的陋习，工作永远也做不完

✗ LIFO的人的行为模式

（在没有把A运走的情况下，就开始着手运B和C了）

✓ FIFO的人的行为模式

（先把A运完，再运B和C）

在多项工作同时进行的情况下，"立即执行"和"不立即执行"的计划安排十分重要。

们一定要从现在开始就注意这个问题。

📁 保持原则

最后，对于非常容易受他人影响的你来说，我来告诉你保持原则的重要性吧。就算好不容易成了有立即执行力的人，如果没有原则，你也会陷入任人使唤的泥沼，掌握不好自己的时机，无法顺利推动手推车。

所谓"原则"，就是指你自己的"信念""准则"，或者如同"判断基准"的东西。

一旦你确定好自己的"原则"，如果别人拜托你做的事不在你的"地图"中，你基本上都会推辞掉。

可能有人会不接受这种做法，认为有些"不讲理"、有些"冷漠"，但这其实就叫作"原则"。

"不管怎么说，这家伙都会屈服的""不管怎么说，他都会帮我做的"，被贴上这样标签的人，绝对不能被称为是"有原则"的人。

"那人就是说到就做的。如果做不到，他绝对不会答应。他就是这样的人。"

像这样的人，才是坚持原则的人。因此，并不能和"冷漠""不讲道理"画上等号。

正是因为要立即执行自己的工作，所以才不会立即执行别人的工作。

🗂 不要破坏原有路径

为了将陆陆续续过来的包袱正确地、高效率地搬运走，你一定要严格遵守自己制定的规则。按照这个规则将你的工作"路径化"，不仅能有效地消除压力，更能让你轻松地完成任何事。

正如我在开头所提到的，我在做咨询师之余，也参与了各种研究小组、演讲，并在电子邮箱、专栏中撰稿，在参与视频拍摄和推送的同时，每个月还坚持100千米的跑步。

很多人曾经问过我：

"干着这么多事情，还能每月跑上100千米。你这些时间是从哪儿来的？"

　　然而，如果没有100千米锻炼出来的体力，我也无法处理如此大量的工作。这是很多人无法看到的另一面。

　　几年前，我也曾因为太忙，每个月只跑不到30千米。然而，我的身体状况却因管理不善，精神上力不从心。在做事过程中，经常因为掺杂了各种各样的事情而运转不顺。

　　为了摆脱这种状态，我尽可能地把时间表空出，来确保自己的跑步时间。这样一来，那些运转不畅的事情，也渐渐顺利地解决了。

　　除此之外，参加智障患者的志愿者活动，或是电影鉴赏也是同样的。我还和妻子达成了一个约定：每三个月都来京都一日游。不管有多忙，我无论如何都会遵守这样的时间安排，生活也因此有了节奏。

　　"希望您周末能过来演讲。两小时的话，我会支付您100万日元。"

如果那天安排了志愿者活动,即使有人这样对我说,我也会让他调整时间表。

就算有客户邀请我:"晚上接着再聚?"

"我明天还要跑步,今天想要在十点半前睡觉。非常抱歉。"

我会这样笑着拒绝他,绝对不会徘徊犹豫。

我所有的客户都知道我的这个习惯。

他们会说:"虽然横山先生会来今天的聚会,但他在晚上九点左右一定会回去。不管怎么邀请他接着再聚,他也不会去的。他就是这样的人。"

虽说我拒绝了邀请,但和客户的关系基本没有影响。

我绝对不会去破坏原有路径。当你为了保护自己的原有路径而婉拒对方时，极少会影响到最后的目标达成。当然，这是在你平时工作勤勤恳恳，别人信任你的前提下。

不仅仅是"立即执行"，为了创造出成果，坚持原则是非常重要的。这就是所谓的"在坚持原则的前提下立即执行"，也就是"干净利索地执行"。

关于"干净利索地执行"，我会在下一章详细讲解。

虽然我在这里写到要保持原则，但毫无疑问，随机应变也是有必要的。"有原则的人"和"不懂得变通的人"是不一样的。

如果你总是对他人"察言观色"，或是极其容易被周围环境所左右，那就一定要尝试一下如何"干净利索"地去做事。

第六章

用"手握车管理"干净利索地去做想做的事情

你想成为"立即执行的人"的真正理由

在社会上，已有数量众多的介绍"立即执行"方法论的书籍。而且在网上，同样有很多提高行动力、提高速度、提高效率的工作法被公开。

然而，"立即执行"这种单纯的技术，并不能解决职场上出现的根本问题。现代生活也是如此，仅仅懂得了"立即执行术"，也未必能让生活一马平川。

总之，如果只是"立即执行"，那么你也只是如同一个只会解决处理事务的"处理机器"罢了。

若是放手不管，你永远无法开始做你真正想做的事，你只是单纯地沦为了"工作中毒"的人而已。

尽管如此，如果没有"立即执行"这个习惯的话，你也是无法向下一个舞台迈进的。这个习惯就好比"地基"，是一切工作的"基础"。对于养成"立即执行"这个习惯，千万不可掉以轻心。

偶尔也有人说："虽然立即执行很重要，但经过思考之后再执行也很重要。"

确实不无道理。但在我的咨询课上，如果有员工这样想，我会给他安排"体量大到如果不立即执行就完成不了的工作"。

这样的人呢，究竟是"总能做到立即执行，但还是认为加以思考更重要"？还是说也可以从中窥见出，这些人其实是因为自己没有立即执行的习惯，所以才找借口说

"立即执行"是不对的。

"完全能打出本垒打，但目标只是击中球"的人，和"因为打不出本垒打，所以只要击中球就好"的人是两码事。

"基础"不够牢靠、没有养成"习惯"的人，马上就会给自己找借口。

找借口养成习惯的人，自然也不会有"思考的习惯"。

嘴上说着"马上就做、马上就做"，却没有"立即执行"这个习惯的人，应该首先让他们养成应用"手推车理论"的习惯。这是个不可跳过的步骤。

然而，关键点并不在于你能持续地"立即执行"，而在于它的下一步。不仅仅是"应做之事"，如果你还有

"想做之事"，那么单靠养成"立即执行"这个习惯，也是无法如愿的。

在这个章节，终于要将"手推车理论"投入应用，探索一种方法，那就是让你能从"立即执行"，升级到能够"干净利索地执行"。

💼 应用"手推车理论"的话，这样做就够了！

如果只连接到大脑的短期记忆，你只能想起今天要做的事，或是这周该做的事，也就是最近的一些工作任务。

因此，连接到大脑的长期记忆后，你就不仅能看到眼前的事物，更能在对未来有充分观察之后，将"必做之事"和"想做之事"在笔记上整理记录出来。

在月初腾出一个专门做总结的时间，试着思考一下5年后、10年后"应做之事"和"想做之事"分别是什么。

然而，很多人在这方面存有顾虑。

虽然想要思考自己的未来，但如果你没有这个习惯，你可能什么也想不到。

"5年后必须要做的事？虽然大家都说要好好考虑，但……"

"10年后想要做的事？说起这个，倒也没啥特别想做的事……"

平日里只有短期记忆的人，由于没有连接到大脑长期记忆的习惯，他马上就放弃了。这也是你持续被眼前的工作牵着鼻子走的证据。可以说，你的思维已经得了"近视"了。

在生命最初诞生的时候，可以说没有思维"近视"的人。小的时候，我们应该更多地描绘了对未来的憧憬才对。

反复在近景和远景之间切换的话，衰退的视力是可以恢复的。就算你觉得将焦点聚焦在自己的未来很难，也应尽自己最大的努力，利用中长期的视角，多多少少来创造自己能看见遥远未来的机会吧。

就算很茫然，也没有关系。

"5年后我就32岁了。1岁的小孩也已经6岁了。那个时候的自己会做着什么样的工作呢？"

"虽然一直发誓说哪天一定要自己开办厨艺教室，但却每天浑浑噩噩地过日子。好吧！3年后我一定要有自己的厨艺教室！"

"和妻子约好了。5年内要建一座自己的房子。"

简单的思考是无用的。消除噪音，冷静下来，试着好好回想。请努力将自己已经淡忘的梦想，以及对未来的期望，从脑海深处挖掘出来吧。

💼 绘制更宏大的地图，实行"手推车管理"

如果就算连接到了大脑的长期记忆，却也还是无法顺利回想起来，那就求助于外部记忆吧。如果你自己是经营者，请把以前写的事业计划书之类的东西拿出来，你会想起来："虽然这个月的营业额很重要，但我在事业计划书里写过，要在3年的时间将现有的5家店拓展到30家店。但最近，我并没有把精力聚焦在这方面。"

拿出自己崇拜的人的自传，反复阅读，

"我曾经下过决心，像这个人一样，在20多岁的时候去海外留学。这个计划并不是遥遥无期的，我要在4年内实现它。"

在"今日应做之事""本周应做之事"这样的"包袱"中，其实你是无意中将中长期视点写下的"包袱"给混淆进去了。这些"包袱"当然可以说是庞然大物。

这当然不是"任务"，而是"项目"。

然而，即使利用测算法拆分又拆分，这些项目也实在无法变成项目，因为它们实在太庞大了。

像"开一个厨艺教室""建一座自己的房子""拓展门店"这些"想做之事"，就是使用测算法也无法预测工作时间的大项目。

由于是太大的包袱，即使你想一次性运走，也实在无从下手。

那么对你来说，它们应该是和其他行李没有可比性的重要行李。

应该是最想要运走的包袱。

应该是最需要运走的包袱。

然而，眼睛一闭一睁，岁月流逝，这些包袱不知什么时候已经消失在视野中了。

那么就将这些包袱回想起来，加在"地图"里。

不是活在别人绘制的"地图"里，而是紧盯自己制作的"地图"，拼搏下去。

自己的人生是属于自己的。请为受尽他人摆布的人生画上休止符吧。

💼 在"重要—紧急模型"中整理包袱

对我来说，"重要—紧急模型"是特别重要的构架。

"重要度"和"紧急度"这两个坐标轴之间，它对分辨"应做之事"和"想做之事"的先后顺序，有着非常重要的作用。

- "重要"且"紧急"的事——现在必须去做。

- "不重要"而"紧急"的事——暂时搁置也可以。

- "重要"而"不紧急"的事——需聚焦于此。

- "不重要"且"不紧急"的事——没有做的必要。

你应该聚焦于中长期的愿景，为包袱绘制一张"地图"。在这个基础上，你会得到一张非常宏大的世界地图。然后，将目光积极地转向"重要"而"不紧急"的包袱，将这个项目分解成任务。

使用"重要—紧急模型"不是为了别人，而是为了自己能正确地安排优先级，选定应该搬运的行李。如果包袱太大，那就拆分成小份，贴上姓名牌，用手推车运走。

这就叫作"手推车管理"。

亲自对"手推车"进行管理，遵守自己制定的规则，如此你便可以真正做到"干净利索地执行"。

比如说，在将来有一件必须"立即执行"的事。

如果你想"在三年后将店铺扩大"，那么你就必须雇佣未来的候补店长人选，并且培养他们。但这个任务，如果不提前开始着手的话，三年后是绝对不能完成的。

如果你想"五年后盖一个自己的房子"，那你可能现在就得开始存首付的钱了。

虽然不必现在马上执行，但为了将来，还是尽快执行会比较好。对于这样的事，是一定要排在比较优先的位置的。

我相信只有这样，人生才能有"质"的飞跃。

📁 掌握主导权，实现零压力

为了彻底地改变工作方式，有一件事非常重要，就是摆脱"奴隶本性"。在工作取得进展的基础上，掌握主导权。

然后，为了掌握主导权，将"时间单位"的工作意识，彻底改变为"成果导向"的工作意识。

把这份工作转向"上位概念"的话，这份工作是否还有意义？

为了取得成果，你会懂得看清这是否是必要的工作。

说起来，如果整理这份资料本来没有必要，你即使是很快地处理完它，也没有任何意义。还有那些纯粹走形式、没有必要的会议，就算是将这个会议的时间缩短，也仍然浪费时间。

你应该考虑工作的"意义"，而非"方法"。

是否为"必须要做的工作"，这并不是重点。你应该去问，这是不是一份"值得去做的工作"？不是行李"搬运的方法"，而是"搬运的意义"。

每月一次也好，三个月一次也好，请在一个没有噪音的场地和空间里，多次问问自己："我自己究竟希望成为怎样的存在？我应该怎样存在？"

希望得到什么东西，希望过怎样的生活，希望构建怎样的家庭，希望从事哪份事业，想对社会、客户做怎样的贡献。你应该尝试从各种各样的角度，去认真地问问自己。

不断重复正确的"问题",工作的"意义",而非"方法",答案就渐渐浮出水面了。对于该不该做这份工作的烦恼,也能相应减少。

这样一来,你就能极大地提高工作生产效率,实现自己真正"想做的事"。

从现在开始,你要学会掌握主动权,争取自由自在地完成零压力的工作,实现工作与生活的平衡吧!

后记

成为举重若轻的人，
实现工作与生活的平衡！

📁 向"实在无法行动"的你，传达最后一条信息

您能将此书读到最后，我表示衷心感谢。

关于"手推车理论"，我也想就此收笔。

然而，对于"道理都懂，却怎么也行动不起来"的你来说，我想向你传达最后一条信息。

"都说到这个份上了，怎么还不懂呢？"

"明明应该都懂了，但为什么没有任何变化呢？"

当我进入工作现场进行咨询工作时，很多经营者、管理者都会这样对我说。但是，不管说了多少遍，就算对行动方式心知肚明，他们也不一定能立马行动起来。

谁都会有头脑清楚，却始终行动不了的时候。"知道——knowing"和"行动——doing"之间的隔阂，被称为"knowing doing gap"（知行差距）。

将具体的行为分解，接着到了"只要去做"的状态，却仍然行动不了的人也有。不得不做的事情，明明知道却也不构成影响。

虽然谁都有"没有动力"的时候，但在这儿绝对不要产生误会。

你会这样想："虽然说'去做就行'，但我怎么也做不到。我想知道，到底怎样才能有动力呢？"

这样的人就叫作"缺乏动力"。不管反复问多少次，这个问题的答案都是"去做就行"。

请记住，阻碍行动的最大原因就是"懒惰"。因为太懒，所以什么烦恼也没有。而你自己也察觉到了自己的惰性。那么去做就好了，仅此而已。

问题其实是——"并不是懒惰的问题"——这样先入为主的观念。

"绝对不是因为我太懒了。我并不想犯懒，我就是怎么也拿不出动力。我得知道能拿出动力的方法，该怎么做呢？"

问起这样堂而皇之的问题，才是自我误会的根源。

在以前，其实你很难直白地去指责一个人的"懒惰"。

但是如今，其实无论谁都会有"懒癌"发作的时候，也包括我。

既不是生病，也不是有智力障碍，谁都会有"懒惰"的时候，重要的是如何正确地看待这个问题。这时，你该做的是消除思维中的噪音。

总之，一直这样来来回回兜圈子，是没有尽头的。

只要减轻包袱的重量，大喝一声就能推动了。

然而，不管包袱有多么轻，你却连"去推的动力"也没有，这不是懒还是什么呢？你应该有这样的自知之明才对。

💼 行动迟缓的人，是懒于思考的人

在我30岁出头的时候，曾经有1年以上居住在"胶囊旅馆"里的经历。

虽然"居住"一词可能有些不恰当，但我确实有过平日几乎都住在胶囊旅馆里的一段时期。

到了早上，聚集在垃圾堆周围的乌鸦随处可见，胶囊旅馆就在那个破败又繁华的街道里。

我的身高有181厘米。

胶囊旅馆狭窄的房间里，我只要睡觉时一翻身，脚就会碰到门口的卷帘。但是，这种状况也很快就习惯了。因为之前我在青年海外合作队的时候，在更严酷的环境中住宿过。当我这样告诉自己，便也欣然接受了。

胶囊旅馆和普通的旅馆不同，不管连续住多少天，房间里是储存不了行李的。每天晚上，你都得在前台写好住宿卡，然后支付房费。

进进出出的胶囊酒店工作人员，显得格外冷漠。我既没有和他们打过招呼，也没有受过他们的照顾。

然而不可思议的是，他们看到我的脸后，都像约定过似的，把同一个房间的储物柜钥匙交给我。

很明显，我觉得他们是对我抱有"怜悯"之心。

无论是喝得酩酊大醉后进来的工薪族，还是无家可归跌跌撞撞进来的年轻人，我和他们都看上去格格不入。可能是因为我穿着西装，拿着公文包，也不像喝醉过，几乎每天在同一时间来到胶囊旅馆办理入住。

对于过了30岁还过着这样生活的我来说，这种怜悯，实际上就是蔑视。

关于那个炎热夏天，我到现在还历历在目。

胶囊旅馆内，醉汉吵吵嚷嚷，午夜两点左右时，我还没能入睡。工作人员及时出手管制，吵嚷声也没收敛多少。互相叫骂声，捶打、踢踹储物柜的声响，惹得我实在无法入睡，就这样迎来了第二天。

第二天也是一个酷暑之日，由于睡眠不足，我感到身体非常沉重。即使坐到了自己的书桌前，也没法开始工作。由于天气太热，脑袋昏沉沉的，工作也没有动力，气氛格外沉闷。不知是不是因为压力太大，我感觉超出了负荷。

我又像往常一样度过了一个疲惫日子。我在晚上9点的时候从办公室出来，回到旅馆，前台的一个工作人员对我说了这样一句话：

"工作还顺利吗？"

我竟然第一次被工作人员这样问，因为他总是很冷淡地把钥匙交给我。"不怎么样。"我仅仅这样回答。

"也是呢。"他回答我。

进入胶囊中，我顶着眼前的天花板，脑海中一直回想着那句"也是呢。"

那真是个酷热的夏日。空调的室内机发出"嗡嗡"的声响，我一边用手心抹着汗，一边一次又一次地回想胶囊旅馆的员工对我说的那句话。

从那时起10年后，我在东京半岛酒店的大厅里，接受了出版社的采访。

那天同样是一个酷热的夏日。

刚从有乐町车站出来，我就已经汗流浃背。我拖着拉杆箱到达了半岛酒店，酒店的工作人员赶紧迎上来，将凉凉的毛巾递给了我。

当我在用毛巾擦额头的汗水时，电话响了，是下属打来的协商电话。

我一边和下属商量，一边在大厅踱步、观望。出版社的编辑和采访者看到我后，举起手招呼我。我向下属下达两项指令后，关掉电话，迈着轻快的步伐来到出版社的朋友身边。那是一个能近距离欣赏到现场钢琴演奏的座位。

一个小时后，采访结束了。采访的内容就是"掌握立即执行术的秘诀"。

采访结束后，我一个人留在了大厅里。对于住在爱知县的我来说，来到"东京半岛酒店"这种高级酒店的机会非常少。外面仍是酷暑难耐的傍晚。不久，空气中飘来柠檬清爽的香味。

我叫来服务员，让他帮我将咖啡续杯。然后，我回顾了一下刚才接受采访的录音。

采访者说："那么，请让我看着我的笔记，回顾一下您刚才说过的话。"

"横山先生，您在企业一线做咨询工作的同时，每年还会参与100场以上的演讲、研究会的活动，写150篇以上的电子邮件，50篇以上日经商业的专栏文章，100篇雅虎新闻的文章，还会主笔1～2本书，在YouTube发布50个以上的视频。接着，您还作为咨询公司的社长，负责管理和人才招聘的业务，同时也在26年间不间断地参与针对智力障碍者的志愿者活动，每个月还坚持100千米的跑步锻炼。对吗？"

"是的。"

"但是，您也能充分利用周末的时间，陪伴家人一起度过，这也是很重要的。您似乎总能轻而易举地完成这么大的工作量。"

我听到对方这样说，于是这样回答：

"其实这对我来说游刃有余。即使有更多的工作，我也有自信能轻松地处理好。"

接着，采访者这样回答了我："也是呢。"

不久之后，我一边喝着咖啡，一边反复琢磨这句话。

我从东京半岛酒店的大厅望向入口，映入眼帘的是一群正在搬运行李的行李员。

在如同鸟笼一样的手推车上，堆放着很多手提箱之类的行李。而行李员们走路的样子，看上去个个英姿飒爽。

虽然行李很沉，但他们都带着亲切的笑容，身姿挺拔有力，看上去轻松得很。我在一旁看着他们，感觉心情极佳。

从前，我也曾是一个"懒于思考的人"。

这样的我，现在也越来越能懂得举重若轻。

因此，我每天都过得十分快乐。

我想，我一直在将拥有的包袱可视化，花时间让噪音减少，持续锻炼着自己的耐压能力，这也是应有的结果吧。

这本书里介绍的"手推车理论"，就是让你如同东京半岛酒店的行李员，让你面对眼前的工作，能够"立即执行""轻松去做"的方法。

最重要的不是"立即执行"，而是得到人生的幸福。

我衷心祝愿你，在读完这本书后，心情能更加轻松自在。

最后，我想在此感谢一个人——在我执笔本书的过程中，一直悉心关照我的木村编辑。

木村先生最先对我说起这件事，大概是四年前了。

在这四年时间里，他也从来没有放弃，一直激励着我说"出本书吧"。对于这份热情，我表示衷心感谢。

横山信弘